Cornelia Haas · Ulrich Renz

Mi sueño más bonito

Visul meu cel mai frumos

Libro infantil bilingüe

con audiolibro y vídeo online

Traducción:

Raquel Catala (español)

Bianca Roiban (rumano)

Audiolibro y vídeo:

www.sefa-bilingual.com/bonus

Acceso gratuito con la contraseña:

español: **BDES1428**

rumano: **BDRO2724**

Lulu no puede dormir. Todos los demás ya están soñando – el tiburón, el elefante, el ratoncito, el dragón, el canguro, el caballero, el mono, el piloto. Y el pequeño leoncito. Al osito también se le cierran casi los ojos ...

Oye osito, ¿me llevas contigo a tu sueño?

Lulu nu poate să adoarmă. Toți ceilalți visează deja – rechinul, elefantul, șoarecele cel mic, dragonul, cangurul, cavalerul, maimuța, pilotul. Și puiul de leu. Și ursului aproape că i se închid ochii.

Ursule, mă iei cu tine în visul tău?

Y así está Lulu en el país de los sueños de los osos. El osito está pescando en el lago de Tagayumi. Y Lulu se pregunta, ¿quién vivirá arriba en los árboles?

Al terminar el sueño, Lulu quiere descubrir aún más cosas. ¡Ven conmigo, vamos a visitar al tiburón! ¿Qué estará soñando?

Și deja este Lulu în lumea de vis a urșilor. Ursul prinde pești în lacul Tagayumi. Și Lulu se miră, oare cine locuiește acolo sus în copaci? Când visul s-a sfârșit, Lulu vrea să descopere și mai mult. Hai și tu, îl vizităm pe rechin! Oare ce visează el?

El tiburón está jugando a perseguir a los peces. ¡Por fin tiene amigos!
Nadie tiene miedo de sus dientes puntiagudos.

Al terminar el sueño, Lulu quiere descubrir aún más cosas. ¡Venid con
nosotros, vamos a visitar al elefante! ¿Qué estará soñando?

Rechinul se joacă de-a prinselea cu peștii. În sfârșit are prieteni! Niciunuia nu îi e frică de dinții lui ascuțiți.

Când visul s-a sfârșit, Lulu vrea să descopere și mai mult. Haideți și voi, îl vizităm pe elefant! Oare ce visează el?

El elefante es tan ligero como una pluma y ¡puede volar! Está a punto de aterrizar en la pradera celestial.

Al terminar el sueño, Lulu quiere descubrir aún más cosas. ¡Venid con nosotros, vamos a visitar al ratoncito! ¿Qué estará soñando?

Elefantul este ușor ca o pană și poate zbura! Imediat aterizează pe pajiștea cerului.

Când visul s-a sfârșit, Lulu vrea să descopere și mai mult. Haideți și voi, îl vizităm pe șoarecele cel mic. Oare ce visează el?

El ratoncito está mirando la feria. Lo que más le gusta es la montaña rusa.
Al terminar el sueño, Lulu quiere descubrir aún más cosas. ¡Venid con
nosotros, vamos a visitar al dragón! ¿Qué estará soñando?

Șoarecele cel mic e la bâlci. Cel mai mult îi place trenulețul zburător.
Când visul s-a sfârșit, Lulu vrea să descopere și mai mult. Haideți și voi, îl
vizităm pe dragon. Oare ce visează el?

El dragón tiene sed de tanto escupir fuego. Le gustaría beberse todo el lago de limonada.

Al terminar el sueño, Lulu quiere descubrir aún más cosas. ¡Venid con nosotros, vamos a visitar al canguro! ¿Qué estará soñando?

Dragonului îi este sete de la scuipat de foc. Cel mai mult i-ar plăcea să bea tot lacul de limonadă.

Când visul s-a sfârșit, Lulu vrea să descopere și mai mult. Haideți și voi, îl vizităm pe cangur! Oare ce visează el?

El canguro salta por la fábrica de dulces y llena toda su bolsa. ¡Más de los caramelos azules! ¡Y más piruletas! ¡Y chocolate!

Al terminar el sueño, Lulu quiere descubrir aún más cosas. ¡Venid con nosotros, vamos a visitar al caballero! ¿Qué estará soñando?

Cangurul sare prin fabrica de dulciuri și își îndoapă marsupiul. Și mai multe bomboane albastre! Și mai multe acadele! Și ciocolata!

Când visul s-a sfârșit, Lulu vrea să descopere și mai mult. Haideți și voi, îl vizităm pe cavaler! Oare ce visează el?

El caballero está teniendo una pelea de pasteles con la princesa de sus sueños. ¡Oh, no! ¡El pastel de crema ha ido en la dirección equivocada! Al terminar el sueño, Lulu quiere descubrir aún más cosas. ¡Venid con nosotros, vamos a visitar al mono! ¿Qué estará soñando?

Cavalerul face o bătaie cu tort cu prințesa lui de vis. Oh! Tortul de frișcă zboară pe lângă!

Când visul s-a sfârșit, Lulu vrea să descopere și mai mult. Haideți și voi, o vizităm pe maimuță! Oare ce visează ea?

¡Por fin ha nevado en el país de los monos! Toda la banda de monos se ha vuelto loca y está haciendo tonterías.

Al terminar el sueño, Lulu quiere descubrir aún más cosas. ¡Venid con nosotros, vamos a visitar al piloto! ¿En qué sueño habrá aterrizado?

În sfârșit a nins odată în lumea maimuțelor! Toată trupa maimuțelor și-a ieșit din minte și face spectacol.

Când visul s-a sfârșit, Lulu vrea să descopere și mai mult. Haideți și voi, îl vizităm pe pilot! În ce vis a aterizat el oare?

El piloto vuela y vuela. Hasta el fin del mundo y aún más allá, hasta las estrellas. Esto no lo ha conseguido ningún otro piloto.

Al terminar el sueño, están ya todos muy cansados y no desean descubrir mucho más. Pero aún quieren visitar al pequeño leoncito. ¿Qué estará soñando?

Pilotul zboară și zboară. Până la capătul pământului și mai departe până la stele. Așa ceva nu a reușit nici un alt pilot.

Când visul s-a sfârșit, sunt toți foarte obosiți și nu mai vor să descopere așa de multe. Dar pe puiul de leu mai vor să îl viziteze. Oare ce visează el?

El pequeño leoncito tiene nostalgia y quiere volver a su cálida y acogedora cama.

Y los demás también.

Y ahí empieza ...

Puiului de leu îi este dor de casă și vrea înapoi în patul cald și pufos.

Și ceilalți la fel.

Și atunci începe ...

... el sueño más bonito
de Lulu.

... visul cel mai frumos
al lui Lulu.

Los autores

Cornelia Haas nació en 1972 cerca de Augsburg, Alemania. Después de su formación como fabricante de cárteles publicitarios, estudió diseño en la escuela técnica superior en Münster y allí se graduó como diseñadora. Desde 2001 ha ilustrado libros infantiles y juveniles, desde 2013 enseña como profesora de pintura acrílica y digital en la escuela técnica superior de Münster.

Ulrich Renz nació en 1960 en Stuttgart (Alemania). Después de estudiar literatura francesa en París, se graduó en la facultad de medicina de Lübeck y trabajó como director de una editorial científica. Hoy en día trabaja como publicista autónomo y, además de escribir libros de divulgación científica, escribe cuentos y libros infantiles.

¿Te gusta pintar?

Aquí encontrarás las ilustraciones de la historia para colorear:

www.sefa-bilingual.com/coloring

Que duermas bien, pequeño lobo

Edad recomendada: a partir de 2 años

con audiolibro y vídeo online

Tim no puede dormir. ¡Su lobo pequeño no está! ¿Quizás lo olvidó afuera? Solo se encamina a la noche – y recibe inesperadamente compañía...

¿Disponible en tus idiomas?

► Consulta nuestro „Asistente de idiomas" :

www.sefa-bilingual.com/languages

Los cisnes salvajes

Basado en un cuento de hadas de Hans Christian Andersen

Edad recomendada: a partir de 4-5 años

„Los cisnes salvajes» de Hans Christian Andersen de buena razón es uno de los cuentos más leídos del mundo. De forma atemporal enfoca temas del drama humano: miedo, valentía, amor, traición, separación y reencuentro.

¿Disponible en tus idiomas?

► Consulta nuestro „Asistente de idiomas" :

www.sefa-bilingual.com/languages

Special thanks for his IT support to our son, Paul Bödeker, Freiburg, Germany

ISBN: 9783739962894